W0190509

Wir Hamelenser · Geschichten und Anekdoten

Susanne Kronenberg

Wir Hamelenser

Geschichten und Anekdoten

Wartberg Verlag

Bildnachweis:

Susanne Kronenberg: S. 51, 69, 75

Karla Langehein: S. 41

Photostudios Blesius, Hameln: S. 20

Stadtarchiv Hameln: Titel, S. 9 (Rudi Günther), 25, 27, 32, 63 (Rudi Günther), 71 (Rudi Günther)

Ullstein Bildarchiv: S. 14, 19, 23 (Imagebroker.net), 29 (Willy's Pictures), 42 (Schöning), 55 (Charlotte Willot), 59 (united archives), 65 (Euroluftbild)

Jürgen Ziegler: S. 37, 39, 49, 79

Wir danken allen Lizenzgebern für die freundliche Abdruckgenehmigung. In Fällen, in denen es nicht gelang, Rechtsinhaber an Abbildungen zu ermitteln, bleiben Honoraransprüche gewahrt.

Die Autorin dankt den Hamelner Bürgern und Bürgerinnen für ihre Auskunftsbereitschaft und dem Stadtarchiv Hameln für die Unterstützung.

1. Auflage 2010

Alle Rechte vorbehalten, auch die des auszugsweisen Nachdrucks und der fotomechanischen Wiedergabe.

Satz und Layout:

Grafik & Design Ulrich Weiß, Extertal

Hoehl-Druck Medien + Service GmbH, Bad Hersfeld

Buchbinderische Verarbeitung:

Buchbinderei Büge, Celle

© Wartberg Verlag GmbH & Co. KG

34281 Gudensberg-Gleichen, Im Wiesental 1

Telefon (05603) 93050

www.wartberg-verlag.de

ISBN 978-3-8313-2094-3

Inhaltsverzeichnis

Vorwort

OB HAMELENSER, HAMELUNKEN oder einfach Hamelner, die Einwohner der Rattenfängerstadt sind, so heißt es, versöhnlich und auf Harmonie bedacht. Trotzdem scheuen sie keine Konflikte, wenn es um ihre Stadt geht, für die sie sich mit Herzblut einsetzen. Das beweisen die Auseinandersetzungen um die Altstadtsanierung oder der langjährige Zwist um den Rattenfängerbrunnen, der einem Mann gewidmet ist, den niemand wirklich kennt – eine schemenhafte Figur, unheimlich und rätselhaft, aber in der Stadt überall und jederzeit präsent. Und auch in diesem Buch ist er zu finden.

Doch die Bürger und Bürgerinnen der Weserstadt wissen zudem von besonderen Ereignissen zu berichten, die den berühmten Pfeifer außen vor lassen. So erfahren die Leserinnen und Leser einiges aus der Schulzeit in den 60er-Jahren und hören von der Kurrende und ihren Wegen durch die Altstadtgassen. Sie beobachten einen verhängnisvollen Besuch in der Münsterkirche und lernen zwei beherzte Frauen kennen, die ihre Spuren in der Stadt hinterließen. Ein Ausflug führt hinaus in Hamelns Wälder und geht der Frage nach, was es mit grünem Kaffee auf sich haben könnte. Diese Begebenheiten schenken einen Einblick in das Leben in dieser Stadt mit uralter Geschichte.

Susanne Kronenberg

Die Herzen der Hamelner zu erfreuen

EINE KINDERGRUPPE WANDERT durch die Altstadt, allesamt Jungen, kleinere und größere. Ihre schwarzen Umhänge haben weiße Kragen. Viele Hamelner werden sich gern an die Kurrende erinnern. Im Freien zu singen und „die Herzen der Bürger zu erfreuen", diesem Auftrag folgte der Knabenchor, der für so viele Jahre zum Stadtbild gehörte.

In früheren Zeiten ging der Zweck der Kurrende über das Freudebereiten weit hinaus. Tatsächlich hing die Schulbildung armer Kinder von ihren Auftritten als Sänger ab, auch in Hameln, wo die Kurrende seit Beginn des 17. Jahrhunderts beheimatet war. Beim Neuaufbau im Jahr 1945 konnte sie auf eine 400-jährige Tradition zurückblicken – und auf zahlreiche Höhen und Tiefen, die sich im 20. Jahrhundert fortsetzen sollten.

Die Kurrende als soziale Einrichtung war eine Folge der Reformation. In der Zeit nach 1528 veränderte sich das gesellschaftliche Leben allerorten. In den Städten wie in den Kirchen erkannte man, dass auch Kindern, deren Familien das Schulgeld nicht aufbringen konnten, eine Grundbildung zukommen sollte. Die Frage war, wie der Schulbesuch zu finanzieren sei. Schließlich besann man sich auf den Brauch armer Kinder, an Feiertagen und Sonntagen vor den Häusern gut betuchter Bürger zu singen und sich damit ein paar Münzen zu verdienen. Was zuvor ungern gesehen und als „Betteln" geschmäht wurde, entwickelte sich bald als Mittel zum Zweck, unter den Fittichen der Kirche und der Schulen bis ins Detail organisiert. Mit ihren klappernden Sammelbüchsen zogen die Schüler zu festgelegten Zeiten singend durch die Straßen. Mitglieder der Kurrende – das Wort leitet sich aus dem Lateinischen (currere: laufen, also „Laufchor") ab – erhielten als Lohn eine einfache Ausbildung in Lesen, Schreiben und Religion. Dazu bekam der Sängerknabe zu essen, ein wenig Geld und alle zwei Jahre neue Kleider – Privilegien, die einem Kind allerdings nur geboten waren, sofern es männlichen Geschlechts war.

Die Tradition, grundsätzlich nur Jungen aufzunehmen, kennzeichnet auch die Kurrende des 20. Jahrhunderts. In Hameln wurde ein solcher Knabenchor 1917 wieder ins Leben gerufen, wenn auch weniger zu dem Zweck, den Jungen den Schulbesuch zu ermöglichen. Die Kurrende glich eher einem Schulchor, der allerdings auch in den Straßen sang und für seine Auftritte mit Geld belohnt wurde.

Während beider Weltkriege verlor die Kurrende an Bedeutung. Zu einem Neuanfang kam es nach Ende des Zweiten Weltkriegs. Der ehemalige Leiter der Stummfilmkapelle der Schauburg hatte sich beruflich umorientieren müssen, nachdem der Tonfilm ihn arbeitslos gemacht hatte. Mit der Ausbildung zum Organisten übernahm Wilhelm Lindemeyer die Hamelner Kurrende. Der Zustrom sangeswilliger Jungen erinnerte an die vorigen Jahrhunderte. 50 Jungen bewarben sich, nicht unbedingt nur aus Freude an der Musik. Die Kurrende-Knaben wurden mit Hosen und Schuhen eingekleidet, und bei den Auftritten gab es Kakao und Kuchen. Das waren zugkräftige Gründe in den bitteren Nachkriegsjahren. Wie in früheren Zeiten sang der Chor auf der Straße und bedachte dabei jeweils einen anderen Stadtteil. Allerdings fanden diese „Umgänge" nicht im Winter statt. In der Weihnachtszeit trat die Kurrende in den Kirchen auf, aber auch auf Betriebsfeiern, in Altenheimen und Krankenhäusern sowie überall sonst, wo man den Knabenchor gern hören wollte. Neben klassischen Werken von Mozart und Beethoven wurden volkstümliche Lieder gesungen, und darin lag die Stärke der Kurrendesänger. Wer den Darbietungen in geschlossenen Räumen lauschen wollte, war übrigens während des ersten Winters gebeten, den Eintritt mit Feuerholz zu begleichen. Für die vom Leben nicht verwöhnten jungen Leute bot die Kurrende, neben der Freude am Gesang, sicherlich auch Halt in diesen vom Umbruch geprägten Zeiten. Die Jungen fanden Freunde innerhalb der Gruppe und hatten ihren Spaß auf den Reisen, die der Chor bald unternahm. Obendrein gab es schulfrei für die Auftritte, und unterwegs wurde gut gegessen! Ein seltener Lohn war das Sparbuch über 50 Mark für besonders engagierte Sänger, die den Chor mit dem Stimmbruch oder aus anderen Gründen verließen. Das Geld dafür stammte aus Spenden und von Sponsoren. Zum Abschied erhielten die Jungen außerdem eine Urkunde des bekannten Hamelner Grafikers und Künstlers Rudolf Riege.

Als sich die Lebensumstände verbesserten, sank die Begeisterung der jungen Sänger. Viele kehrten dem Chor

Die Hamelner Kurrende mit ihrem Leiter, dem Lehrer Hermann Kohlhaußen, bei einem Auftritt im Jahr 1966.

den Rücken. 1961 war die Anzahl der Kurrendemitglieder im Alter von sechs bis 15 Jahren auf 36 gesunken. Vier Jahre später gehörten nur doch zehn Kinder dazu. Im Dezember des Jahres verunglückte der Chorleiter tödlich.

Trotzdem gaben die Kurrendaner nicht auf. Ihre Mitgliedszahl stieg sogar noch einmal deutlich an, als der neue Chorleiter in den Schulen um Nachwuchssänger warb. Zahlreiche Interessenten meldeten sich, 40 Jungen blieben schließlich dabei.

Ab 1967 gehörte der Chor in Hamelns Straßen wieder zum ebenso gewohnten wie beliebten Bild. Eine weitere Blütezeit kündigte sich an. So verkündete ein Zeitungsartikel: „Zur Freude vieler Bürger unserer Stadt wird die neu entstandene Kurrende das traditionelle Straßensingen wieder aufnehmen. Falls es die Wetterlage zulässt, werden die Jungen am ersten Ostertage um 7 Uhr vom Pferdemarkt aus durch die Altstadt ziehen. In folgenden Straßen soll gesungen werden: Zehnthofstraße, Kupferschmiedestraße, Papenstraße, Münsterkirchhof, Bäckerstraße mit Nebenstraßen, Heiliggeiststraße, Baustraße und Emmernstraße.“

Frisch eingekleidet in weiße Hemden und dunkle Hosen gewann der Knabenchor Anerkennung bei vielen Auftritten, konnte sich sogar steigern und feierte Erfolge auf Konzertreisen. Die jungen Sänger unternahmen Ferienreisen, ohne die „Umgänge“ in der Heimatstadt zu vernachlässigen. Doch mit Beginn der 70er-Jahre begann die Sangeslust der Kurrendaner zu versiegen. Manch einer wechselte zum Schulchor, andere Jungen suchten sich neue Hobbys. Es wurde immer schwieriger, Nachwuchs zu gewinnen.

Dazu gesellte sich ein Problem von außen. Der wachsende Wohlstand ließ den Autoverkehr in der Stadt rasant zunehmen, in Hamelns Straßen dröhnten die Motoren. Wie sollten die zarten Knabenstimmen gegen den Lärm von Autos und Lastwagen ankommen? Man hörte den Chor schlicht nicht mehr, wenn er in der Altstadt auftrat. Die Kurrende, die 400 Jahre zum Hamelner Stadtbild gehörte, wurde so ein Opfer des Verkehrslärms.

Im Jahr 1971 fand die letzte Probe statt. Als mit der Eröffnung der Fußgängerzone Ruhe in die Innenstadt einzog, hatte sich der Chor bereits aufgelöst. Erst elf Jahre später, 1982, gab es erneut den Versuch, die Kurrende wieder zum Leben zu erwecken – damit auch weiterhin eine Schar Jungen, kleine und größere, singend durch Hamelns Gassen zieht. Doch das galt nur noch für wenige Jahre. 1995 wurde die Hamelner Kurrende endgültig aufgegeben.

Hameln feiert Hoch-Zeyt

„HOCH-ZEYT" hieß das Bürgerfest mit mittelalterlichem Anklang. Was war der Anlass? Aus der Osterstraße war – als erster Straße in der Altstadt – eine Fußgängerzone geworden. Sogar Bundesbauminister Karl Ravens erschien zur festlichen Eröffnung. Nun mussten die Autos draußen bleiben, und die Menschen durften unbehelligt über das neue Pflaster schlendern und den ungestörten Blick auf die Häuserfronten genießen, worüber sich viele begeistert zeigten. Die ganze Stadt schien auf den Beinen, auch von außerhalb strömten Besucher herbei.

Bis Hameln die Fußgängerzone im September 1975 so unbeschwert feiern konnte, mussten viele Auseinandersetzungen ausgefochten werden. Dabei hatte an der Tatsache, dass der Straßenverkehr bewältigt werden musste, niemals Zweifel bestanden. Um das „Wie" drehten sich die Konflikte.

An Mutters Hand auf einen Stadtbummel gehen, das bedeutete für ein Kind in den 60er-Jahren „Nase zu und durch". Abgasschwaden zogen über die Oster- und Bäckerstraße, stockend rumpelte die Blechlawine voran. Auf den schmalen Bürgersteigen war kaum ein Vorwärtskommen. Wer es eilig hatte, musste auf die Fahrbahn ausweichen. Die Einbahnregelung ab 1957 minderte das Problem nur kurzfristig. Als Nadelöhr erwies sich der Engpass zwischen der Oster- und Bäckerstraße, Staus gehörten zum Alltag. Parkplätze zählten zum kostbaren Gut. Wer Waren liefern oder abholen wollte, benötigte neben fahrerischem Geschick viel Geduld und gute Nerven.

Zaghafte Stimmen meldeten sich mit dem Vorschlag zu Wort, ob man den Autoverkehr nicht aus der Innenstadt verbannen könne. Was für ein seltsames Anliegen in den 60ern, als dem Auto die Zukunft und die Vorfahrt gehörten! Der Fußgänger stand hinten an – und musste sich in den Nebenstraßen nicht selten an eine Hauswand drücken, um die Wagen passieren zu lassen. Hier in den uralten Gassen zeigte sich ein weiteres Problem, das den Stadtvätern Sorgen machte: Der marode Zustand der Fachwerkhäuser, deren Sanierung mit der neuen Verkehrsführung abzustimmen war.

Die frühen Pläne waren geprägt von einem ehrgeizigen Zukunftsbild, das in vielen Punkten am Willen der Bevölkerung vorbeiging und mehrmals überarbeitet werden musste. Ein Ziel, das die Planer umsetzen konnten, war die zweite Weserbrücke, die – obwohl auch nicht unumstritten – 1974 eingeweiht wurde und den Altstadtring deutlich entlastete. Leider hatte man auf der Brücke und den Wallstraßen die Radfahrer vergessen. Menschen zu Fahrrad? Ein Relikt der Vergangenheit, so dachte man damals. Die widerspenstigen Hamelner radelten trotzdem unverdrossen ihrer Wege. „Diese Entwicklung", heißt es in einer Broschüre aus dem Jahr 1983 zum Thema Radfahren, „war zu Beginn der Planung des Verkehrsringes um die Altstadt vor ca. 13 Jahren nicht absehbar." Vor 13 Jahren – damit ist das Jahr 1970 gemeint: Zwei Jahre vor der Ölkrise, zu der es auch in Hameln den ersten autofreien Sonntag geben sollte.

Anders als das Radfahren war das Zufußgehen für die Stadtplaner sehr gut vorstellbar, zumindest in den geplanten verkehrsfreien Bereichen. „Moderne Fußgängerstraßen ermöglichen einen ungestörten Einkauf und Schaufensterbummel", versprach eine Broschüre der Stadt den skeptischen Bürgern. „Die Mütter können sich an den Auslagen der Geschäfte erfreuen, während die Kinder sie ‚spielend' beim Einkauf begleiten."

Schöne Worte, denen nicht jeder Geschäftsmann Glauben schenken mochte. Man bangte um die Kundschaft, wenn diese nicht vor der Ladentür halten durfte. Bis Mitte der 70er-Jahre sollte um den richtigen Weg ge-

Die Osterstraße ist seit 1975 eine Fußgängerzone.

stritten werden, bevor schließlich weite Teile der Innenstadt vom Verkehr befreit und Sitzbänke und Blumenkübel in die Oster- und Bäckerstraße eingezogen waren. Zwei Jahre Planung gingen dem Bürgerfest voraus. Für alle Bevölkerungsgruppen sollte etwas dabei sein, und trotzdem ging die heranwachsende Jugend leer aus, weil das angekündigte Beatkonzert „aus räumlichen Gründen" ausfiel. Vielleicht trösteten sich die jungen Leute damit, auf der Osterstraße einem besonderen Spektakel zuzusehen, als beim „Gautschen", einem Brauch der Drucker, die „Jünger der Schwarzen Kunst" vor aller Augen in einen Wasserbottich getunkt wurden.

Dass die Stadt mit ihrem Bürgerfest Schule machen würde, erhofften sich die Veranstalter. In Hameln selbst war das keine Frage. Die erste „Hoch-Zeyt" jedenfalls traf auf so viel Begeisterung, dass es zwei Jahre später – im Jahr 1977 – zu einem zweiten Bürgerfest kam, dem bis ins Jahr 2004 viele Hamelner Altstadtfeste folgen sollten.

Der Spielmann ruft

DER ERSTE RATTENFÄNGER der neuen Zeit war kein Rattenfänger, „er" war eine Rattenfängerin. Die Hamelner Künstlerin Magda Fischer, eine ausgebildete Sängerin, schrieb die Texte für einen „tänzerischen Reigen" und trat dabei mit einem Hut auf, der mit einer langen Feder geschmückt war. Auf welchem Instrument sie die mitspielenden Hamelner Kinder zum Tanzen lockte, ist nicht überliefert. Dagegen steht fest, dass die muntere Aufführung auf große Zustimmung traf – sowohl bei den Zuschauern als auch im Hamelner Verkehrsverein. Auch andere Städte, so hatten die Verantwortlichen dort längst begriffen, hatten eine beschauliche Umgebung oder malerische Altstadtwinkel, wertvolle Gebäude oder eine mystische Persönlichkeit zu bieten. Hamelns Einzigartigkeit lag in der wunderbaren Verknüpfung von Sehenswertem und der undurchschaubaren Sagengestalt. Warum also nicht der Fantasie der Besucher auf die Sprünge helfen und den geheimnisvollen Pfeifer zum Leben erwecken, fragte man sich. Magda Fischer mit ihrer Tanzgruppe kam wie gerufen. Das war 1930 und der Beginn einer Erfolgsgeschichte.

Fünf Jahre später – Magda Fischer war inzwischen 59 Jahre alt – gab die Schauspielerin ihre Rolle an einen männlichen Darsteller ab, den ausgebildeten Musiker Albin Schiebel, der mit einer Klarinette auftrat. Während der Kriegs- und Nachkriegszeit pausierten die Aufführungen, bis sie 1949 eine erneute Premiere erlebten. Da studierte die Hamelner Gymnastiklehrerin Agde Andreae die Tänze ein. In späteren Jahren wurde sie vielen Hamelnern durch ihr Ballettstudio bekannt, in dem sie vier Jahrzehnte lang Kinder über die spielerische Gymnastik zu den Grundlagen des klassischen Tanzes führte. Auf der Rattenfängerbühne hielt ein Mann die Fäden in der Hand: Studienrat Dr. Moritz Oppermann leitete die Aufführung. 70 Kinder wirkten mit, und als Rattenfänger gab aufs Neue Albin Schiebel den Ton an. Die bunt gekleidete Spielschar zog von der damaligen Garnisonskirche, die später die Stadtsparkasse beherbergen sollte, zum Hochzeitshaus und trat auf der Terrasse auf, unter der die Trümmer des Rathauses begraben lagen. Die ehrwürdige Kulisse des Hochzeitshauses sollte den Rattenfängerspielen in Zukunft erhalten bleiben, von wenigen Episoden an anderen Plätzen abgesehen.

1951 gab es einen Einschnitt. Man verabschiedete sich von der rein tänzerischen Darstellung und gestaltete die Aufführung zu einem Schauspiel um. Nun standen auf der Bühne neben dem Rattenfänger erstmals Ratsherren und Bürger, die von älteren Schülern gespielt wurden. Die Vorlage für die Neuinszenierung schuf wiederum Agde Andreae. Die Leitung oblag Oberstudienrat Karl Schmidt, der die Theatergruppe des Schiller-Gymnasiums mitgebracht hatte. Bewundert wurden insbesondere die Kostüme, entworfen von Studienrat Hans Düne. Als Vorlage hatte ihm die Kleidung der städtischen Bewohner des späten 13. Jahrhunderts gedient.

Als Karl Schmidt nach wenigen Jahren aus gesundheitlichen Gründen aufhörte, trat ein Mann in Aktion, der die Aufführungen in den folgenden fünf Jahrzehnten leiten und gemeinsam mit seiner Frau prägen sollte. Der Studienrat und spätere Studiendirektor Friedrich Flügge nahm in Hameln auf vielen Gebieten Einfluss. Neben den Rattenfängerspielen führte Friedrich Flügge die Theatergruppe des Schiller-Gymnasiums, an dem er als Lehrer tätig war. In den 70er-Jahren übernahm er den Aufbau und die Leitung des „Dritten", des Albert-Einstein-Gymnasiums. Zudem stand das Multitalent bis ins hohe Alter als Bürgermeister auf der Bühne. Die Zeit dafür nahm er sich trotz der zahlreichen Ehrenämter, die er innehatte.

Die Gestalt des Rattenfängers beflügelt bis heute die Fanta-sie der Besucher.

Die Rattenfänger-Laienspielgruppe mit ihrem Spiellei-
ter Friedrich Flügge im Jahr 1959 vor der Münsterkirche.

Unter seiner Obhut mauserten sich die Rattenfängerspiele zu einer aufwendigen Darbietung. Immerhin
drängten sich während der Sommermonate Sonntag
für Sonntag 100 Darsteller auf der Hochzeitshauster-
rasse. Die meisten besuchten das Schiller-Gymnasium
oder die Viktoria-Luise-Schule oder waren Schüler der
Hamelner Volksschulen. In die Rattenkostüme schlüpf-
ten agile Kleinkinder.

Mit Flügges Eintritt in die Spielschar hatte man auch
die Textpassagen ausgebaut. Die neue Version stammte aus der Feder der Schauspielerin Leni Sponholtz und
sollte in Zukunft weitgehend unverändert bestehen
bleiben. Mit der Uraufführung im Jahr 1956 betrat ein
weiterer Rattenfänger die Bühne. Der Sonderschulleh-
rer Erwin Klimaschka betörte Kinder und Ratten mit
dem Klang einer Piccoloflöte. Sein Nachfolger Hart-
mut Frenzel spielte Klarinette. Ihm folgten in den 70er-
und 80er-Jahren Siegfried Sacher und Karl-Friedrich
Schmidt, die beide auf der Oboe musizierten.

Die Aufführungen beschränkten sich nicht auf die Hei-
matstadt, sondern führten die Spielgruppe zu Auftrit-
ten nach England, Belgien und sogar mehrmals nach
Japan. Ob mit oder ohne Begleitung, die zum Leben er-
weckte Sagengestalt erreichten Einladungen aus aller
Welt. Der Rattenfänger war überall ein gern gesehener
Gast und Botschafter jener Stadt, die ihn einst um sein
Geld gebracht hatte.

In diese ursprüngliche Rolle gedrängt fühlte sich wohl
der Rattenfänger der frühen Stunde, Albin Schiebel,
der die Spielschar 1955 im Streit mit der Stadtverwaltung verließ und sich wie sein berühmtes Vorbild vom
Rat um seinen gerechten Lohn betrogen sah. Seinen
Unmut darüber soll er, im Rattenfängerkostüm geklei-
det, den Leuten auf der Straße lauthals kundgetan haben – sehr zum Verdruss der Hamelner Obrigkeit.

Bis heute sind die Rattenfänger-Aufführungen sehr beliebt, hier eine Aufnahme aus dem Jahr 2002.

Von radikalen Plänen und streitbaren Bürgern

IN DEN 50ER- BIS 60ER-JAHREN lebten 5000 Menschen in der Hamelner Altstadt. Romantisch? Vielleicht, aber oftmals war es schlicht beengt und wenig bequem. Und nicht nur das. „Aus den niedrigen Kellerfenstern stieg ein unverwechselbarer Mief nach Kanal und Abwasser auf", erinnert sich Gerhard Honig, damals ein junger Schriftsetzerlehrling, an seinen täglichen Weg durch die Bau- und Thietorstraße. „Die Keller waren feucht, und viele der Häuser stehen heute nicht mehr. Aber zu der Zeit waren die Leute froh, überhaupt ein Dach über dem Kopf zu haben." Und das, obwohl bei mehr als einem Drittel der Häuser der bauliche Zustand als bedenklich eingestuft wurde. Nicht selten fehlten Bäder und Duschen, die Gas-, Wasser- und Elektroleitungen waren überaltert oder unzureichend. Winzige Grundstücke mit verschachtelten Ställen und Nebengebäuden in den Hinterhöfen boten kaum Platz für Umbauten und Erweiterungen. Die kleinste Grundfläche war mit 35 Quadratmetern nicht größer als das Wohnzimmer eines Bungalows. Zu viele Autos quälten sich durch die Gassen, oft gab es kein Durchkommen für Bewohner und Gewerbetreibende. So konnte es nicht weitergehen. Im Jahr 1967 fasste der Stadtrat einen Beschluss, der die Geschicke Hamelns bis in die weite Zukunft hinein bestimmen sollte: die Sanierung der Altstadt. Eine Aktionsgemeinschaft Altstadt fand sich zusammen, um „das Gesunde zu bewahren und stärken" und „das Kranke zu heilen". Es sollte sich wieder lohnen, in Hamelns historischem Zentrum zu leben und zu arbeiten – nicht in einem Museum, sondern in einer lebendigen Stadt, und nicht auf Kosten, sondern inmitten der wertvollen Bausubstanz, so die Ankündigungen. Hohe Ziele, deren Umsetzung allerdings, wie sich nach den ersten Maßnahmen

Die Alte Marktstraße um 1960, im Hintergrund die Türme der Münsterkirche.

herausstellte, in weiten Teilen an den Wünschen der Bewohner vorbeiging. Bis deren Wille endlich gehört wurde, sollte es beinahe zu spät sein. Grundsätzlich war die Altstadtsanierung zu begrüßen. Immerhin hatte die „heimliche Hauptstadt der Weserrenaissance" eine Menge zu bieten. Zwar hatte auch hier der Krieg schlimme Wunden gerissen, unter anderem war das Rathaus auf dem Pferdemarkt unwiederbringlich zerstört. Jedoch verglichen mit anderen Städten war der mittelalterliche Kern weitgehend verschont geblieben. Mit Stolz verwies die Stadtverwaltung in einer Informationsschrift auf „29 Baudenkmäler von internationalem Rang und überörtlicher Bedeutung". Vor allem um diese einzigartigen Gebäude ging es in den frühen Plänen, eingebettet in eine neue zeitgemäße Bebauung. Hameln wurde zum Modellvorhaben des Bundes und des Landes Niedersachsen erklärt. Städteplaner, Architekten und Verwaltungsbeamte von außerhalb besuchten die Rattenfängerstadt, und im Gegenzug gingen die Hamelner Ratsherren auf Reisen und schauten sich andernorts um.

In der Bürgerschaft wuchs das Misstrauen. Was hatten die Planer vor? Teilflächensanierung lautete das Konzept, was bedeutete, dass ein Ring aus historischer Bausubstanz stehen bleiben und die inneren Bereiche mit einer neuen Wohnblockbebauung aufgefüllt werden sollten. Die mittelalterlichen Höfe mit ihren Hinterhäusern und Gärten galten als nicht erhaltenswert. Alle Neubauten sollten zeitgemäß sein. So stellten sich die Planer zum Beispiel für das Weserufer eine Silhouette aus Flachdächern vor.

Im ersten Schritt wurden die Stubenstraße und die obere Bäckerstraße abgerissen. Bagger brachen die Fassaden nieder, um Platz zu schaffen für ein Kaufhaus. Nun konnte jedermann mit eigenen Augen sehen, was „Flächensanierung" bedeutete. Die Hamelner wachten auf! Man schloss sich zu Bürgerinitiativen zusammen,

Häuser der Stubenstraße, die 1974 im Rahmen der Alt-stadtsanierung abgebrochen wurden.

wollte bewahren, nicht abreißen. Um einzelne Gebäude und ganze Straßenzüge wurde hitzig diskutiert und gekämpft. Die Thietorstraße, die Kupferschmiedestraße und Teile der Kleinen Straße: Alle diese Häuser sollten der neuen Blockbebauung weichen.

Das Aufbegehren der Hamelner zeigte Erfolg. Die radikalen Vorhaben von 1967 wurden in den folgenden Jahren mehrmals überprüft und umgestaltet, die Substanzverluste eingeschränkt. Die Innenblockbebauung stellte man weitgehend zurück, und anstatt der Parkbrücken, mit denen der Altstadtring überbaut werden sollte, entschied man sich schließlich für Tiefgaragen wie das Parkhaus am Kopmanshof. Die Kleine Straße, auf deren Westseite ursprünglich eine Parkgarage geplant war, blieb erhalten und wurde im gesamten Bereich saniert. Unterstützung erhielten die widerspenstigen Bürger von außerhalb. Kritische Artikel erschienen in der überregionalen Presse, und das Zweite Fernsehen strahlte unter dem Titel „Weserballade" einen Beitrag aus, der die Sanierung der Altstadt gar als „Modellfall für rücksichtslose Vernichtung" anprangerte. Letztendlich erwiesen sich die Stadtplaner als kompromissbereit und passten das Konzept den neuen Erkenntnissen an. Warum auch sollte man in Hameln die Fehler wiederholen, die andere Städte mit der Flächensanierung bereits begangen hatten? Seit Mitte der 70er-Jahre standen nicht mehr einzelne Baudenkmäler im Vordergrund, sondern der Altstadt im Gesamtbild galt die Priorität. Zu diesem Zeitpunkt war bereits ein Fünftel der Bausubstanz von 1966 endgültig verloren. Zum Ende der 80er-Jahre galten die Maßnahmen als abgeschlossen.

Jede Stadt befindet sich in einem fortlaufenden Wandel. Die Altstadtsanierung jedoch war sicherlich die größte Veränderung, der Hameln im Lauf seiner Jahrhunderte währenden Geschichte innerhalb von nur zwei Jahrzehnten unterworfen war.

*Historische Hausfassade in der Kupferschmiedestraße:
das „Bürgerhus", gebaut 1560 (2000).*

1000 Jahre Schiller-Gymnasium

ES KOMME IHM im Nachhinein so vor, erinnert sich der Hamelner Jürgen Ziegler an seine Schulzeit im Frühjahr 1967, als hätten die Schillerschüler der fünften und sechsten Klassen die Schultage hauptsächlich im Weserberglandstadion verbracht. „Wo sonst Fußball gespielt wurde, war der Rasen in Quadrate eingeteilt. Jeder Junge bekam einen markierten Standpunkt zugewiesen, und dann galt es, die Bewegungen eines Vorturners synchron nachzuahmen – mit mehr oder weniger großer Begeisterung."

Anlass der sportlichen Übungen war die 1000-Jahr-Feier des Schiller-Gymnasiums, wie Lehrer und Schüler das bevorstehende Fest nannten. Offiziell feierte die Schule im Mai 1967 das 100-jährige Jubiläum, aber auch die Deister-und-Weserzeitung wusste in einer Sonderbeilage zu berichten: „Hunderte, wahrscheinlich mehr als eintausend ehemalige Schüler unseres Schiller-Gymnasiums sind, teilweise von weither, nach Hameln geeilt, um an der großen Feier seines 100-jährigen Bestehens, ja, des 1000-jährigen, wenn man Gründung und Dauer der Klosterschule hinzurechnet, teilzunehmen." Die Schulleitung selbst gab sich bescheidener und berief sich auf das Entstehungsjahr 1867, als das sogenannte Progymnasium, das nicht zur Universitätsreife führte, zu einem Vollgymnasium ausgebaut wurde. Den offiziellen Namen Schiller-Gymnasium erhielt die Schule allerdings erst 1957, ergänzt durch den Zusatz „altsprachliches und mathematisch-naturwissenschaftliches Gymnasium für Jungen". Das „Schiller" lehrte mit dem Ziel, wie aus der Sonderbeilage der Dewezet weiterhin zu erfahren war, seine Schüler „mit den Tagesgegebenheiten auf politischem und kulturellen Gebiet vertraut zu machen". Die Schule wolle „nicht nur in den letzten einhundert Jahren, sondern trotz allem Wandel der Jahrhunderte in der ganzen Zeit ihres langen Bestehens für ihre Schüler ein Tor zum Leben sein".

Der Festakt begann am Freitagabend mit einem langen Fackelzug, unter den sich viele frühere Schüler mischten. In den Tagen darauf begegneten sich Ehemalige und derzeitige Schüler in den Fluren und Klassenzimmern, die einen in Erinnerungen an die vergangenen Zeiten vertieft, die anderen voller Neugier auf das, was das Leben nach der Schule bringen würde. Die Festveranstaltung wurde von einer Schulausstellung begleitet, zu der Lehrer und Schüler viel Material aus der Geschichte der Schule zusammengetragen hatten. Als eine besondere Attraktion erwies sich ein hochmodernes Sprachlabor, das von einer Firma vorgestellt wurde und in so manchem Lehrer und Schüler Wünsche für die Zukunft der Schule weckte.

Das Schiller-Gymnasium blickte nicht allein auf viele Jahrzehnte als Lehranstalt zurück, auch das Theaterspielen besaß hier eine lange Tradition. Bereits die Kleinen ließen sich vom Theaterfieber anstecken, schrieben in ihren Klassen eigene Stücke und studierten diese selbst ein. Wobei es in Hameln kein Wunder war, dass bei diesen Inszenierungen auch die Rattenfängersage das Interesse der jungen Nachwuchsautoren entfachte.

Zum Festakt war das Schülertheater ins Große Haus der Weserbergland-Festhalle eingeladen. Dort hatte eine frühere Schülergeneration bereits im Herbst 1955 mit Schillers „Verschwörung des Fiesco zu Genua" auf der Bühne gestanden. Zwei Jahre vor der 100-Jahr-Feier hatten die Zuschauer in der Weserbergland-Festhalle sogar eine Uraufführung erlebt. „Musikalisches Opfer, ein Hörspiel über die Begegnung zwischen Friedrich dem Großen und Johann Sebastian Bach" hieß der lange Titel des Stücks aus der Feder des Oberstudienrats Robert Kreft. Im Repertoire durften die Klassiker keinesfalls fehlen, wie Goethes „Egmont" und Kleists „Zerbrochener Krug", mit dem

Das Schiller-Gymnasium mit seinem Erweiterungsbau im Jahr 1953.

das Schülertheater während einer Tournee, auf Einladung dortiger Schulen, fünf englische Städte besuchte.

Bis zum letzten Platz besetzt war der Theaterabend zum Schuljubiläum. Die jungen Schauspieler fieberten dem Abend entgegen, voller Anspannung und gefangen in einem Miteinander von freudiger Erwartung und der Hoffnung, alles richtig zu machen. Echtes Lampenfieber eben! Es war etwas anderes, in der Schulaula vor Eltern, Mitschülern und Lehrern aufzutreten oder hier, im Großen Haus der Weserbergland-Festhalle. Die Aufführung wurde als „Lustspiel von Ludvig Holberg. Der politische Kannengießer" angekündigt. Das Programm verriet, dass das Stück „im Jahr 1752 von Schülern der damaligen Stadtschule unter Rektor Corwante in Hameln aufgeführt wurde. Das Stück richtet sich gegen Prahler und Wichtigtuer, die nach Holbergs eigenen Worten ‚in den Wirtshäusern Obrigkeit und Rat tadeln und doch nichts wissen'". Offenbar war das auch in den 60er-Jahren des vorigen Jahrhunderts ein aktuelles Thema. Die Schüler überwanden das Lampenfieber, und das Publikum zeigte sich entzückt. Die Theateraufführung erwies sich als ein Glanzpunkt der Jubiläumsfeier.

Die Schüler der fünften und sechsten Klassen dagegen, die so eifrig geübt hatten, blieben dem Weserbergland-stadion fern. Ihr Auftritt fand aus Gründen, die Jahrzehnte später im Dunkeln liegen, nicht statt – worüber allerdings nicht jeder Junge traurig war.

Mit Mut und sozialer Verantwortung

WIE HANDELT EINE junge Frau, die die brennenden Probleme der Zeit erkennt? Die sich sozial betätigen, die Umstände verändern und Dinge in Bewegung bringen möchte? Sie könnte sich einer politischen Partei anschließen. Ein Wunsch, der auch die junge Rosa Helfers umtrieb. Nur, dass sie sich – im Jahr 1907 – einem schier unüberwindbaren Hindernis gegenübersah: Frauen war die Mitgliedschaft in politischen Parteien verboten. Was machte also Rosa, 22 Jahre alt und nicht gewillt, sich stumm im Hintergrund zu halten? Sie gab sich einen männlichen Namen und wurde auf diese Weise Mitglied der sozialdemokratischen Partei.

Der Wunsch zu helfen sowie eine zielstrebige Unerschrockenheit scheinen ihre hervorstechenden Charakterzüge gewesen zu sein, verfolgt man den Lebensweg der Politikerin. Rosa Helfers, 1885 als Rosa Boye in Hamburg geboren, waren die Grundsätze der Sozialdemokratie von Kindheit an vertraut. Ihr Vater, selbst politisch aktiv, war mit August Bebel bekannt, dem Begründer der sozialdemokratischen Arbeiterbewegung und dem späteren Vorsitzenden der SPD. Ein Jahr nach dem Beitritt unter ihrem männlichen Pseudonym wurde Rosas Mitgliedschaft legalisiert, denn ein erstes großes Ziel der Frauenbewegung hatte sich erfüllt: 1908 wurde das diskriminierende Preußische Vereinsgesetz aufgehoben. Damit war es Frauen endlich erlaubt, in eine politische Partei einzutreten. Was allerdings noch lange nicht bedeutete, dass deutsche Frauen wählen oder sich selbst zur Wahl stellen durften. Auf das aktive und passive Wahlrecht mussten sie bis zum Ende des Ersten Weltkriegs warten.

Die junge Rosa erlernte den Beruf der Kindergärtnerin. Gerade 18 Jahre alt, heiratete sie den Glasmacher Ludwig Helfers und zog mit ihrem Mann im Jahr 1911 nach Hameln. Auch am neuen Wohnort ließ ihr soziales Interesse nicht nach. Rosa setzte sich für die gewerkschaftliche Jugendarbeit ein und kümmerte sich um Gefängnisinsassen, ein Gebiet, das Jahre später zu ihrem Beruf werden sollte. In der Rattenfängerstadt blieb sie auch nach dem frühen Tod ihres Mannes und wurde 1918 – mit 33 Jahren – als erste und einzige Frau in den Hamelner Arbeiter- und Soldatenrat gewählt. Im Jahr darauf gründete sie gemeinsam mit Mitstreiterinnen die SPD-Frauengruppe und die Hamelner Arbeiterwohlfahrt, die ihre Bestimmung darin sah, die staatliche Armenpflege zu ergänzen. Als 1919 in Hameln zum ersten Mal Kommunalwahlen stattfanden, an denen Frauen aktiv und passiv teilnehmen durften, befanden sich unter den 36 Ratsmitgliedern zwei Frauen. Eine der beiden war Rosa Helfers, die bis 1922 und danach noch einmal von 1924 bis 1929 dem Stadtrat angehörte. Von 1921 bis 1933 saß sie außerdem als Abgeordnete im Preußischen Landtag. Nun verließ sie Hameln, ging nach Berlin, wurde dort Leiterin des Berliner Frauengefängnisses und war in dieser Position bahnbrechend für andere Frauen tätig.

Mit der Machtergreifung Hitlers 1933 endete für Rosa Helfers wie für alle anderen Politikerinnen die politische Karriere. Das passive Wahlrecht wurde den Frauen entzogen, die Arbeit in den Parlamenten verwehrt. Rosa kehrte in ihre Wahlheimat Hameln zurück, die Stadt, in der sie über ihre soziale und politische Arbeit so viele Freundschaften aufgebaut hatte. Wieder ließen sie Not und Elend anderer nicht unberührt. Sie arbeitete im Untergrund und setzte sich für die Familien der politischen Gefangenen und die Betroffenen selbst ein. Das weckte das Misstrauen der Gestapo. Rosa Helfers wurde verhaftet und ins Arbeitserziehungslager Buchholz gebracht.

Die Entlassung 1946 war für sie wieder ein Neubeginn – wiederum in Hameln. Rosa Helfers war daran beteiligt, die Hamelner Ortsgruppen der SPD und der Arbei-

Das nach Rosa Helfers benannte Haus in der Heiliggeiststraße 2 beherbergt heute die Geschäftsstelle der Arbeiterwohlfahrt und Büros der SPD. Im Jahr 2003 wurde außerdem eine Hamelner Straße nach der Politikerin benannt.

terwohlfahrt erneut aufzubauen. Und sie erhielt wieder politische Ämter, wurde Mitglied im Bezirksvorstand Hannover und im Niedersächsischen Landtag. Von den Hamelner Bürgern ließ sie sich aufs Neue in den Stadtrat wählen und blieb dort bis 1951 tätig. Auch die Kultur lag ihr am Herzen, sie war Gründungsmitglied der Hamelner Volksbühne.

Wer weiß, was die Stadt ihrer tatkräftigen und mutigen Bürgerin zudem noch zu verdanken gehabt hätte, wäre Rosa Helfers nicht ein zweites Mal gezwungen worden, ihre öffentlichen Ämter niederzulegen. Dieses Mal allerdings nicht aufgrund der politischen Entwicklung, sondern als Folge einer Erkrankung, die Rosa Helfers sich während der Haft zugezogen hatte. Aber auch nach 1952 blieb sie sehr an der Lokalpolitik interessiert und engagierte sich, vor allem kümmerte sie sich weiterhin um die Bedürfnisse der Jugendlichen. 1960 erhielt Rosa Helfers das Bundesverdienstkreuz 1. Klasse. Sie starb im Alter von 80 Jahren in Hameln, ihrer geliebten Wahlheimat.

Und abends ins Brecke

ES GAB KAUM ein Durchkommen an den Wochenenden abends im „Brecke Bräu". Studenten auf Heimatbesuch, Schülerinnen und Schüler, Lehrlinge und junge Lehrkräfte: Alle strömten herein, trafen alte und neue Freunde oder schauten sich einfach um. Die Kneipe am Ostertorwall galt als die Hamelner Szenekneipe in den 70er-Jahren – auch wenn man sie damals vielleicht nicht so bezeichnet hätte. Ein Bierglas nach dem anderen wanderte über die ausladende viereckige Theke, welche die Mitte des Gastraums beherrschte. „Es gab wohl ein paar Sitzplätze in den Nischen", erinnert sich eine ehemalige Schülerin der Viktoria-Luise-Schule, „aber die waren immer schnell besetzt. Man ging schließlich nicht ins Brecke, um dort gemütlich herumzusitzen. Nein, man stand – auf Tuchfühlung." Die Gäste drängten sich beherzt zwischen die anderen, schrien ihrem Gegenüber ins Ohr, um sich Gehör zu verschaffen, und quetschten die Hände nach oben, um einem der vielen bekannten Gesichter zu winken, bevor man sich aufs Neue zum Tresen durchkämpfte, um das leere Glas gegen ein volles zu tauschen.

Wer etwas anderes als Bier wollte, hatte die Wahl zwischen Pyrmonter Mineralwasser und vier Sorten Wein: weiß oder rot, lieblich oder herb. Die meisten Gäste tranken ohnehin am liebsten das Bier der Brauerei Förster und Brecke, die zu den ältesten Hamelner Betrieben gehörte und 1871 am Fuß des Klüts gegründet worden war. Der Ort war für eine Brauerei ideal, weil es ein ausgezeichnetes Brauwasser gab und die Keller in den Hang hineingebaut werden konnten, sodass sich die Eisvorräte bis zum nächsten Winter hielten. Friedrich Brecke und sein Schwager William Förster, der bereits das Bürgerliche Brauhaus in Hameln führte, hatten sich zusammengeschlossen, um am Finkenborner Weg ein Unter-

*Im historischen Gebäude am Ostertorwall – einst Sitz
des Szenelokals „Brecke Bräu" – befindet sich Jahrzehnte später eine Tanzschule.*

nehmen nach damals modernsten Anforderungen aufzubauen. Noch 100 Jahre nach der Gründung wurde
im Brecke Bräu am Rand der Altstadt das Produkt der
Brauerei an durstige Menschen ausgeschenkt. Zusätz-
lich zum Kneipenraum gab es einen Saal, der gern von
den Hamelner Vereinen benutzt wurde. Die jugendlichen Besucher bevorzugten das Gedränge in der Kneipe. Dennoch fand eines Abends tatsächlich ein Klavier
in einer Nische Platz.

„Ich erinnere mich sehr gut an den Auftritt von Kons-
tantin Wecker", erzählt eine Zuschauerin von damals,
„obwohl es fast 30 Jahre her ist." Der Sänger und Musiker saß an den Tasten, spielte und sang, trank und
schwitzte, während er sich für sein Publikum veraus-
gabte, das sich immer dichter heranschob. Im Brecke
rückten eben alle eng zusammen.

Im Einklang mit den Obertönen

DIE URALTEN GASSEN, der Schwerkraft trotzendes Fachwerk, verborgene Winkel und mannshohe Mauern: Welches Kind würde da nicht überall ein Geheimnis ahnen? Das Leben verlief geruhsam in den 60er-Jahren des vorigen Jahrhunderts, die Musikbeschallung und die Flut der Fernsehbilder lagen in ferner Zukunft. Beflügelt wurde die kindliche Fantasie durch ein Ereignis, das sich mehrmals täglich auf dem Pferdemarkt abspielte. Im Zentrum der Aufmerksamkeit ruhte das Hochzeitshaus, dieses Baudenkmal der Weserrenaissance mit seinen großen Sandsteinquadern und den ornamentierten Steinbändern. Da stand man also, den Kopf in den Nacken gelegt, bis einem schwindelig wurde, und starrte zum Giebel und auf die Reihen der Glocken hinauf, die das Geschehen ankündigten, bis sich die Flügel der Bronzetür auftaten und zu lockendem Pfeifton die Figuren erschienen: der grün gekleidete Rattenfänger im Stechschritt mit frechem Hut und Flöte, der die Nager und, im schwefelgelben Gewand, die Kinder der Stadt ins Verderben führt – bis auf den Jungen, der auf seinen Krücken nicht schnell genug folgen kann, und das blinde Mädchen, das sich an seinem Rocksaum festhält. Zwei Glückliche, die davonkommen.

Mit diesem Glockenspiel und dem Figurenrundlauf schmückt sich Hameln seit 1964. Zuvor gab es eine Kunstuhr, die anlässlich der 650-Jahr-Feier des Rattenfängers im Sommer 1934 installiert worden war und in 14 Minuten die Sage darstellte. „Jeden Mittag und Abend um die gleiche Zeit ertönte über den Lüttgen Markt hinweg das zarte Spiel der Glocken, dann krächzte der Unglücksrabe, die Spielbühne öffnete sich, um den Weg freizugeben für den Rattenfänger", beschrieb ein Zeitungsartikel die Darstellungen jener Kunstuhr, deren Figurenumlauf sich an der Frontsei-

Das frühere Glockenspiel am Rathaus vor 1945.

Das Rattenfängerspiel am Hochzeitshaus.

te des alten Rathauses und das Glockenspiel auf dessen First befanden.

Das stattliche Bauwerk aus dem Jahr 1766, das in Längsrichtung vor dem Hochzeitshaus und der Marktkirche stand, wurde in den letzten Kriegstagen im April 1945 vom brennenden Kirchturm getroffen und so stark zerstört, dass man sich im Jahr darauf zum vollständigen Abriss entschloss. Ein schmaler Bäckerscharren trennte es von jenem Giebel des Hochzeitshauses, der später das neue Glockenspiel tragen sollte. Das Rathaus und der Bäckerscharren wurden nicht wieder aufgebaut. Die Standorte blieben frei, vergrößerten den Pferdemarkt und boten von nun an Platz für die Aufführungen der Rattenfängerspiele.

Mit dem Neuaufbau der Stadt wuchs der Wunsch der Hamelner Bürger, die verlorene Kunstuhr zu ersetzen. Wie überall fehlte es in den Nachkriegsjahren an Geld, doch die findigen Hamelner ließen sich etwas einfallen. Das im August 1962 gegründete Kuratorium für den Wiederaufbau des Rattenfänger-Kunstspiels rief eine Tombola ins Leben. Innerhalb von drei Monaten brachte der Losverkauf einen beachtlichen Gewinn ein, auch die Stadt und viele Hamelner Vereine spendeten für das Glockenspiel.

Gleichzeitig stellte sich die Frage, wo das neue Figurenspiel seinen Platz finden sollte. Das Rathaus gab es schließlich nicht mehr. Nach längeren Diskussionen entschied sich der Rat für das Hochzeitshaus, genauer: für den ersten Stock, der das Figurenspiel aufnehmen sollte. Die Glocken läuteten außen am Renaissancegiebel – nicht unbedingt zur Freude aller Hamelner. Manche sahen darin eine Verunstaltung des Hochzeitshauses.

Im Oktober 1964 wurde das neue Figuren- und Glockenspiel eingeweiht. Drei Künstler waren maßgeblich an der Verwirklichung beteiligt. Der Braunschweiger Professor Harro Siegel entwarf die Figuren, und der Holzbildhauer Walter Volland aus Goslar gab jeder Einzelnen ihre so lebendig wirkende Gestalt. Als Dritter war ein Hamelner beteiligt: Oberstudienrat Jürgen Langehein, der an der Viktoria-Luise-Schule und den Städtischen Handelslehranstalten das Fach Musik unterrichtete. Als im Jahr 1963 die Stadt Hameln mit der Bitte an ihn herantrat, die Melodien für das Glockenspiel zu komponieren, vermutete er nicht, welchen Umfang der Auftrag annehmen würde.

„Die Komposition für ein Glockenspiel hat ihre Besonderheiten", erläutert Karla Langehein die Arbeit ihres Mannes. „Bei Glocken schwingen bestimmte Obertöne immer mit. Deswegen ist nicht jede Melodie auf ein Glockenspiel übertragbar." Während vieler Besuche beim Hersteller des Glockenspiels, der Firma Korfhage in Buer, habe sich ihr Mann zunächst in den Klang der Glocken eingehört, bevor er sich zu Hause ans Klavier setzte. Die Arbeitsblätter des Komponisten lassen das fortwährende und geduldige Probieren und Korrigieren ahnen. Zudem gab es Vorgaben von außen wie etwa den Rundlauf der Figuren, der seinen eigenen Zeitablauf besitzt, dem sich die Melodie fügen muss.

Zu einer weiteren speziellen Herausforderung entwickelte sich die musikalische Begleitung des Rattenfängers und seines Gefolges, zu deren Auftritten die Zuschauer die Triller einer Flöte erwartet. Weil aber eine Flötenmelodie vom Band aus technischen Gründen nicht praktikabel war, entschied man sich für eine elektronische Orgel. Damit die Wiedergabe nach Mittelalter klang, studierte Jürgen Langehein eingehend das historische Stadtpfeifertum, suchte nach Anregungen und stellte sich schließlich der kniffligen Aufgabe, seine Musik dem Mechanismus auf die Sekunde genau anzupassen. Letztendlich reiste er wiederum nach Buer und wirkte entscheidend daran mit, die fertige Kom-

position in präziser Kleinarbeit auf die Wiedergabeme-
chanik zu übertragen.

Und das Ergebnis? „Wenn der Hörer auch nur ein wenig
Geduld aufbringt, die er schuldet, um sich in die künst-
lerische Absicht hineinzuhorchen", schrieb der Musik-
kritiker Ernst Wilhelm Holländer, „wird sich ihm bald
erweisen, wie sehr die Tonbilder mit dem optischen Geschehen zu dem ‚Gesamtkunstwerk' verschmelzen, um
ihm Nerv und Leben zu schenken. Das ist weit mehr als
mitlaufende ‚Begleitmusik'".

Schon im Jahr darauf, 1965, erschien eine kleine Lang-
spielplatte mit der Musik des Glockenspiels, aufgenom-
men vom Ehepaar Langehein und Freunden. Diese fiel
einem amerikanischen Touristen in die Hände, der in
seiner Begeisterung nicht nur umgehend 100 Platten
nachbestellte, sondern zudem kundtat, dass er sich so
etwas für seinen Heimatort wünschte. Frankenmuth in
Michigan – eher ein Dorf als eine Stadt, dessen Bewohner Nachfahren deutscher Einwanderer sind – beherbergt seitdem ein Glockenspiel, das dem Hamelner Vorbild verblüffend ähnlich sieht.

Und siehe da, es ging!

„DAMIT ABER HATTEN sie bei mir gerade den richtigen Ton angeschlagen und meinen Oppositionsgeist geweckt, von dem ich bis zu diesem Zeitpunkt selbst keine Ahnung hatte", schrieb Elsa Buchwitz in ihren Lebenserinnerungen. „Sie" – das waren diejenigen Ratsherren und Städteplaner, die den Bewohnern der in die Jahre gekommenen Altstadtgassen eine goldene Zukunft versprachen. Man musste schon genauer hinschauen, um das Ausmaß der Stadtsanierung zu erfassen, die der Rat im Jahr 1967 beschloss. Zu den Bürgern, die sich misstrauisch in die Pläne vertieften, gehörte eine Hamelnerin, die den Lobpreisungen der modernen Betonburgen keinen Glauben schenken mochte. Von jeher ging sie mit kritischem Blick durch ihre Stadt. Nicht von Berufs wegen, Elsa Buchwitz führte gemeinsam mit der Mutter ein Hotel, den Rosenhof in Rohrsen, und hatte eigentlich anderes zu tun, als sich um die Zukunft Hamelns zu sorgen.

Ihr Protest begann zunächst zaghaft: Elsa Buchwitz schrieb einen Leserbrief. Darin rechnete sie den Lesern der Dewezet vor, dass schon der „Größenwahn der Gründerzeit und der Jugendstil" etwa dreißig Prozent der mittelalterlichen Bausubstanz gekostet hätten, sodass nach abgeschlossener Sanierung nur noch ein Rest von fünfzig Prozent bliebe. Die Reaktionen vonseiten der Sanierungsplaner riefen – siehe oben – kämpferische Kräfte wach. Elsa Buchwitz fand Mitstreiter. Gemeinsam gründeten sie die Bürgerinitiative „Vereinigung Hamelner Bürger zur Erhaltung ihrer Altstadt", als Gegengewicht zur „Aktionsgemeinschaft Altstadt", von der die Widerständler ihre Interessen nicht vertreten sahen.

Bald beschränkte sich das Aufbegehren nicht mehr auf Leserbriefe, so wichtig diese auch blieben, um die Hamelner Bürgerschaft aufzurütteln. Es folgten erste Aktionen. „Gott schütze dieses Haus vor Not und Brand – und vor der Stadtplanung", lautete der Text auf den Plakaten, die Elsa Buchwitz mit zwei Verbündeten in einer eisigen Nacht auf bedrohte Fassaden klebte. Es waren viele Häuser, die damit bedacht werden mussten, und womöglich ging so manchem Stadtbewohner erst mit dieser Kennzeichnung auf, in welchem Ausmaß die Altstadt betroffen sein sollte. Später hängte man schwarze Trauerfahnen in die Fenster, als sich der Bundesbauminister ankündigte. Sein Weg durch die Altstadt war von Transparenten begleitet.

Ihr engagierter Einsatz führte Elsa Buchwitz, die von den Hamelnern den Spitznamen „Trümmer-Elsa" erhielt, immer wieder nach Bonn, bis sie schließlich selbst in die Politik einzog. Sie ließ sich in den Stadtrat, später in den Kreistag wählen und blieb über lange Jahre in der Denkmalpflege aktiv. 1982 erwarb sie in der Hummenstraße eines der ältesten Gebäude der Stadt, ein Fachwerkhaus von 1620, bewahrte es damit vor dem Abriss und richtete darin das Restaurant „Pfannekuchen" ein.

Eines ist unbestritten: Ohne Elsa Buchwitz und ihre Weggefährten sähe Hameln heute anders aus, und ein großer Teil der Straßenzüge, die den mittelalterlichen Charme der Stadt ausmachen, wäre für alle Zeiten verloren gegangen. Später Lohn waren zwei Auszeichnungen, die Elsa Buchwitz in den 80er-Jahren verliehen wurden. 1984 erhielt sie das Bundesverdienstkreuz, zwei Jahre darauf mit der Silbernen Halbkugel eine hohe Auszeichnung des Deutschen Nationalkomitees für Denkmalschutz.

Jahrzehnte später zeigte sich die Stadt gegenüber der Bürgerinitiative dankbar und stolz auf ihre streitbaren Bewohner. Sicherlich wurde Elsa Buchwitz selbst von den Ereignissen geprägt und hat sich vielleicht gerade aufgrund dieser besonderen Herausforderungen zu einer so unerschrockenen und beharrlichen Persönlichkeit entwickelt. „Immer hatte ich Hemmungen, in der Öffentlichkeit zu reden", berichtete sie über die Anfänge des Protestes. „Schon die Absicht erhöhte meinen Pulsschlag erheblich. Wütend auf mich selbst meldete ich mich eines Tages einfach zu Wort. Und siehe da, es ging!" Elsa Buchwitz starb 1997 im Alter von 68 Jahren in Hameln.

Das von Elsa Buchwitz mit viel Liebe zum Detail restaurierte Fachwerkhaus „Pfannekuchen" in der Hummenstraße bewahrt bis heute einen Teil Hamelner Stadtgeschichte.

Lange Hosen unerwünscht

DER BESUCH DES GYMNASIUMS war für Hamelner Kinder über Jahrzehnte eine klare Sache. Die Jungen gingen aufs „Schiller" und die Mädchen auf die Viktoria-Luise-Schule, in späteren Jahren liebevoll „Vikilu" genannt. Womit zugleich vorausgesetzt wurde, dass sich die männlichen Schüler altsprachlich und die Mädchen neusprachlich zu orientieren hatten. Den Zusatz „mathematisch-naturwissenschaftliches Gymnasium" trugen beide Schulen im Namenszug. Der Ruf der ehemaligen „Höheren Töchterschule" hallte lange an der Viktoria-Luise-Schule nach und schien sich in jenen weiblichen Mitgliedern des Lehrerkollegiums widerzuspiegeln, die auf der Anrede „Fräulein" beharrten, bisweilen mit einem vorausgehenden Doktortitel, erworben von einer selbstbewussten, unverheirateten Frau, die zu einer Zeit studiert und promoviert hatte, als einem Mädchen üblicherweise ein anderer Lebensweg vorgezeichnet war. Die Schülerinnen erwiesen ihr wie allen anderen Lehrerinnen und Lehrern Respekt und erhoben sich zur Begrüßung oder für eine Antwort von den Plätzen.

Es gab ungeschriebene Gesetze, an die man sich hielt. Das gute Benehmen zählte. Mit langen Hosen zum Unterricht? Bis in die 60er-Jahre war das keine gute Idee für eine Schülerin der Viktoria-Luise-Schule! Dass man sich in den 70ern mit jungen Lehrern in Jeans duzen würde (zumindest bei der Begegnung im „Brecke-Bräu"), war für die jungen Mädchen früherer Zeiten unvorstellbar.

Die geburtenreichen Jahrgänge der 50er- und 60er-Jahre sorgten für berstend volle Klassenräume. 900 Schülerinnen besuchten die Viktoria-Luise-Schule, und bis 1976 sollte ihre Anzahl auf 1300 steigen. Die beiden ursprünglichen Schulgebäude – das eine im Jahr 1899 mit neoklassizistischen Merkmalen gebaut, das andere

1909 im Jugendstil errichtet – wurden 1964 durch einen Neubau verbunden, der die Schule mit einem zentralen Eingangsbereich versorgte und neben weiteren Klassenzimmern auch Raum für ein Sekretariat und ein Lehrerzimmer bot. Der Platzmangel wurde dadurch gemindert, aber nicht behoben. Zugleich fehlte es vor allem in den 70er-Jahren an Lehrkräften. Anstatt sich pensionieren zu lassen, unterrichteten altgediente Kollegen und Kolleginnen weiter, ohne dass der Lehrermangel dadurch beseitigt werden konnte. Die Schulchronik listete den Unterrichtsausfall im Schuljahr 1969/1970 wie folgt auf: „Evangelische Religion in den Klassen 8 bis 11, Erdkunde in den Klassen 6 bis 10, Englisch, Französisch und Latein wurde in vielen

Das Lehrerkollegium der Viktoria-Luise-Schule 1971 mit Ilse Behrens, Schulleiterin von 1954–1975 (untere Reihe, 6. von rechts), und Oberstudienrat Jürgen Langehein, dem Komponisten der Melodien zum Glockenspiel (mittlere Reihe, 1. von links).

Klassen um eine Stunde gekürzt, Physik konnte erst ab Klasse 9, Chemie erst ab Klasse 10 und im 12. Jahrgang gar nicht unterrichtet werden." Anstelle einer Note stand ins Zeugnis gestempelt: „Wegen Lehrermangels nicht erteilt". Bis zu vier Stempel kamen durchaus vor. Manche fünfte und sechste Klasse erhielt gar einen freien Tag in der Woche; im besten Fall fielen die Freistunden auf den Sonnabend, an dem üblicherweise bis zur sechsten Stunde unterrichtet wurde.

In den Klassen waren die Mädchen unter sich. „Nadelarbeit" gehörte an der Vikilu zum Pflichtprogramm der unteren Klassen. Welche Schülerin erinnert sich nicht an die vertrackte Koordination von Händen und Füßen, um die mechanische Nähmaschine in Gang zu halten? Zu ersten Begegnungen mit den Jungen vom „Schiller" kam es während der Tanzstunde, wenn die Mädchen aus den neunten auf die Jungen aus den zehnten Klassen trafen. Während sich die Jungen in den 50er-Jahren nicht einmal in die Nähe der Mädchenschule wagen durften – der Anstand verbot dies –, gehörte es später zum gewohnten Bild, dass die Schiller-Schüler, die über ein Mofa verfügten, die Pausen für einen kurzen Besuch nutzten.

Mit Beginn der 70er-Jahre hatte sich die städtische Schulpolitik endlich in Bewegung gesetzt. Schon Mitte der 60er-Jahre waren Rufe nach einem dritten Gymnasium laut geworden. 1970 beschloss der Rat der Stadt den Bau des Schulzentrums Nord, in das mit Beginn des neuen Schuljahrs im Herbst 1972 die ersten Klassen einziehen konnten: Gemischte Klassen mit Mädchen und Jungen, um die Schule gleichmäßig auszulasten. Mit diesem Beschluss war auch in den beiden traditionsreichen Gymnasien das Ende der Geschlechtertrennung eingeläutet, das allerdings sehr behutsam vorgenommen wurde. Zudem hielten viele Eltern noch lange an der Tradition fest und schickten ihre Söhne lieber auf das Schiller-Gymnasium. Die Jungen der unteren Klassen, die sich zum ersten Mal in der langen Schulgeschichte auf den Fluren der Mädchenschule balgten, wurden von jenen Lehrern und Lehrerinnen argwöhnisch beäugt, die „Unruhe unter den Mädchen, Unordnung und Zerstörung in den Gebäuden, Lärm- und Disziplinarschwierigkeiten" befürchteten, wie die damalige Direktorin Ilse Behrens in einer Festschrift einräumte. Andere Kollegen erhofften sich „Anregungen, ja gegenseitige Anstöße im Unterricht beim Nebeneinander von Jungen und Mädchen".

Bis Ende der 70er-Jahre nannte sich das ehemalige Lyzeum ganz offiziell Viktoria-Luise-Schule und trug die Bezeichnung „Gymnasium" im Untertitel, was die Qualität des hier abgelegten Abiturs nicht schmälerte: Es galt als allgemeine Hochschulreife. Das neue Gymnasium sollte über sechs Jahr lang nur das „Dritte" heißen, bis es 1978 den Namen Albert-Einstein-Gymnasium erhielt.

Das Viktoria-Luise-Gymnasium konnte zu dieser Zeit bereits auf sein über 100-jähriges Bestehen als Höhere Schule zurückblicken sowie auf den Besuch der Namenspatin Herzogin Viktoria Luise zum 100-jährigen Jubiläum im Juli 1959 – zu einer Zeit, als an Jungen in den altehrwürdigen Klassenräumen noch nicht zu denken war.

Carl Zuckmayer und sein „Bunting"

Ich bin der wohlbekannte Sänger,
Der vielgereiste Rattenfänger,
Den diese altberühmte Stadt,
Gewiss besonders nötig hat.

WER KENNT SIE NICHT, diese Zeilen, die Johann Wolfgang von Goethe über den Rattenfänger dichtete? Ebenso fühlte sich der Schriftsteller Carl Zuckmayer vom geheimnisvollen Spielmann inspiriert, als er während einer Kur am Tegernsee mit dem Hamelner Günther Niemeyer zusammentraf. Der Vorschlag des Verlegers, ein Hamelner Festspiel zu schreiben, weckte das Interesse des Dichters. Ein Besuch in der Stadt bestärkte ihn in dem Entschluss, die Rattenfängersage sogleich in ein großes Bühnenstück zu fassen.

Es war im Mai 1965, als die Bücherstube Seifert den berühmten Autor für eine Lesung gewinnen konnte. Das Große Haus der Weserbergland-Festhalle bot den passenden Rahmen für die Veranstaltung, 600 Zuschauer lauschten dem Vortrag. Das Interesse der Hamelner verwundert nicht, wenn man bedenkt, welche Popularität Carl Zuckmayer in den 50er- und 60er-Jahren zuteil wurde. „Des Teufels General" und „Der Hauptmann von Köpenick" gehörten zu seinen bekanntesten Theaterstücken, beide wurden verfilmt. Im Namen der Stadt hieß man den Schriftsteller im Hochzeitshaus willkommen, und bei dieser Gelegenheit soll sein Versprechen gefallen sein, das Bühnenstück über die Sage zu schreiben. Hameln sah dem gespannt entgegen, musste sich aber über ein Jahrzehnt gedulden, bevor Zuckmayer seine Zusicherung wahr machte.

Wie so viele Menschen seiner Generation, die zwei Kriege überstehen mussten, erlebte Carl Zuckmayer Höhen und Tiefen. 1896 in Nackenheim am Main geboren, wuchs er in Mainz auf und besuchte dort das Gymnasium. Der Vater war Fabrikant. Der junge Carl wurde Soldat im Ersten Weltkrieg und studierte danach Jura, Soziologie und Kunstgeschichte in Frankfurt am Main und Heidelberg. Schon früh begann er zu schreiben, vor allem Bühnenstücke. Hoch gelobt und vielfach ausgezeichnet, gehörte er bald zu den am besten verdienenden Schriftstellern der Weimarer Republik.

Der Absturz kam mit Hitlers Machtergreifung. Zuckmayer war nicht mehr genehm, wich mit seiner Familie zuerst nach Österreich, dann in die Schweiz aus und emigrierte schließlich in die USA, wo er sich als schlecht bezahlter Drehbuchautor und selbstständiger Farmer durchschlagen musste. Die deutsche Staatsbürgerschaft wurde ihm aberkannt. 1946 konnte er sich in die USA einbürgern lassen, doch beruflich lief es nicht

Der Dichter und Dramatiker Carl Zuckmayer mit seiner Frau Alice.

gut. In den 50er-Jahren hielt er sich immer wieder in Deutschland auf und konnte schließlich an seine Vorkriegserfolge anknüpfen. Trotzdem entschied er sich für die Schweiz als Lebensmittelpunkt. Mit seiner Frau Alice übersiedelte er in den Kanton Wallis und wurde ein Jahr nach der Lesung in Hameln, im Jahr 1966, Schweizer Staatsbürger. Neben der Hamelner Sagengestalt zeigte er sich übrigens von einer anderen Figur aus der deutschen Literatur so beeindruckt, dass er sogar sein Kind nach ihr benannte. Zuckmayer, sein Leben lang von allem Indianischen fasziniert, gab der Tochter den Namen Maria Winnetou.

Die Hamelner warteten geduldig auf die Zuckmayer-Version ihrer Sage. 1971 reiste die Ehefrau des Dichters, Alice Herdan-Zuckmayer, in die Rattenfängerstadt, um in der Bücherstube Seifert aus eigenen Werken zu lesen. Carl Zuckmayer selbst korrespondierte derweil über all die Jahre mit Günther Niemeyer. In dem lebhaften Briefwechsel tauschte man sich über das Rattenfängerthema aus. Anfang der 70er-Jahre begann Zuckmayer mit dem Schreiben und vollendete das Stück 1974. Die Uraufführung fand am 22. Februar 1975, im Beisein des Autors, am Schauspielhaus Zürich statt.

Im gleichen Jahr wurde „Der Rattenfänger" von den Städtischen Bühnen Dortmund inszeniert und im April in Hameln aufgeführt. Der Dichter befand sich währenddessen in Kur und sandte Grüße an die Stadt.

In Zuckmayers Drama erhält ein Fremder namens Bunting – in Hameln von dem jungen Volker Lechtenbrink glänzend gespielt – den Auftrag der Obrigkeit, zusammen mit den Ratten auch die Tagelöhner und Bettler aus der Stadt zu jagen. Das verweigert er und kann dabei auf die Unterstützung der Kinder aus der reichen Oberstadt bauen. Die Hamelner Aufführung geriet zum gesellschaftlichen Ereignis. Niemand von Rang und Namen wollte sie versäumen. Allerdings stellte der Kommentator der Dewezet beim anschließenden Empfang mit Verwunderung fest, dass „dieses Jahrhundert-Ereignis der Erstaufführung im äußeren Bild beim Publikum mit verhältnismäßig wenig langen Kleidern und verschwindend wenigen Smokings gewürdigt wurde."

Die Begeisterung der Hamelner, ihre Sage in einem bedeutenden dramatischen Werk wiederzufinden, war groß. So stand auch Zuckmayer zur Diskussion, als im Juli 1978 nach einem Namen für das dritte Gymnasium gesucht wurde. Der Dichter unterlag gegen den Naturwissenschaftler Albert Einstein. Carl Zuckmayer erlebte diese Entscheidung nicht mehr, er starb am 18. Januar 1977.

Seinen persönlichen Weg zur Rattenfängersage erklärte er, wie der Fischer-Verlag als Herausgeber zitiert, mit den Worten: „Der Stoff muss einem Dramatiker zufallen, durch irgendeinen Anstoß, der an sich also ‚zufällig' ist und doch der Gesetzlichkeit einer Lebensarbeit entspricht."

Ein unheimlicher Besucher

AM 7. OKTOBER 1977 betritt ein Fremder die Hamelner Münsterkirche. Eine auffallend gepflegte Erscheinung bietet der Mann in den 40ern: dunkelhaarig, von schlanker Gestalt, eins achtzig groß. Doch Aufmerksamkeit erregen will er nicht, jedenfalls nicht in diesem Augenblick. Später ja und unbedingt. Keinesfalls aber durch seinen Besuch in der Kirche. Sondern durch die Spuren, die er hinterlassen wird, hier in Hameln wie in anderen Städten, Spuren der Zerstörung.

Der unheimliche Besucher hat sein Tun genau geplant und bestens vorbereitet. Unauffällig nähert er sich dem Bild in der Nähe des Eingangs, einem Ölgemälde mit kunstvollem Holzrahmen. Ob er weiß, dass es erst kürzlich aus der Sakristei in den Kirchenraum gebracht wurde, wo es vor der frisch renovierten Wand einen angemessenen Platz fand? Das Gemälde zeigt Jobst von Waldthausen, einen Hamelner Adeligen des 16. Jahrhunderts, der Stadtschreiber seiner Heimatstadt war, dann als Kanzler in Braunschweig-Lüneburg wirkte und schließlich als Stiftsdekan nach Hameln zurückkehrte. Entschlossen hebt der Kirchenbesucher den Arm, schleudert Schwefelsäure auf das Gemälde und stiehlt sich davon. Bald darauf entdeckt ein Tourist das Attentat und verständigt den Küster, der entsetzt feststellen muss, dass das Gemälde beschädigt und sogar die Sandsteinwand daneben angegriffen ist.

Erneut hatte der Kunstschänder zugeschlagen. Zuvor war er im Kasseler Schloss Wilhelmshöhe aktiv gewesen und hatte unter anderem drei Rembrandts verätzt. Dort wurde er gesehen; so lag der Kriminalpolizei eine Beschreibung vor.

Wie ein unheimlicher Rächer zog der Mann durch Norddeutschland. Den Auftakt gaben zwei Anschläge im März 1977 im Hamburg, denen in der Kunsthalle unter

Unglaubliches ereignete sich in der Hamelner Münster-
kirche 1977.

anderem Paul Klees „Goldener Fisch" zum Opfer fiel. Dem folgten Angriffe auf kostbare Bilder alter Meister in Lübeck, Lüneburg, Essen und Dortmund. Im Niedersächsischen Landesmuseum in Hannover zerstörte er zwei Bilder von Lucas Cranach dem Älteren und verübte kurz zuvor einen grausamen Fall von Tierquälerei, indem er ein Pferd mit Schwefelsäure überschüttete. Später wurde er in Hamburg verhaftet und vom dortigen Landgericht wegen Sachbeschädigung und Tierquälerei zu fünf Jahren Freiheitsstrafe verurteilt.

Wer war dieser Mann, der Museumsdirektoren und Kunstliebhaber aus ganz Deutschland in Angst und Sorge versetzte? Psychiater stellten die Diagnose: Der Bilderzerstörer war psychisch krank. Auslöser der Attentate war der tödliche Unfall seiner Frau. Die Aufmerksamkeit, die sein Tun in der Presse und im Fernsehen erregte, stachelte ihn zu weiteren Taten an.

Als der „irre Säurespritzer" – wie die „Bild" ihn nannte – im Jahr 1982 entlassen wurde, dauerte es nicht lange, bis er seine verhängnisvollen Reisen über Jahre fortsetzte. Die Museen gaben eine Beschreibung mit Foto heraus und warnten ihre Mitarbeiter, doch niemand konnte den Täter aufhalten. Auf seinem Zug durch das Land vernichtete er Kunstwerke von unschätzbarem Wert. Neben vielen Kunstgütern sollten ihm auch drei kostbare Dürergemälde zum Opfer fallen. In die Stadt an der Weser zog es ihn nicht noch einmal, und so blieb die Münsterkirche von einem weiteren Anschlag verschont. Die Schäden am „Waldthausen" hielten sich in Grenzen, sie ließen sich beheben. Doch in Zukunft wollte man kein Risiko eingehen. Und so kehrte das Gemälde nach seinem kurzen Ausflug in die Öffentlichkeit zurück in die sichere Sakristei.

Die BHWisten

EIN FERIENJOB BEIM BHW? In den 70er-Jahren war damit der Neid der Mitschüler garantiert. Bei der Bausparkasse ließ sich das Geld besser und bequemer verdienen als mit dem Zusammenmengen von Puddingpulver bei Vogeley oder dem Schuften am Fließband einer Fabrik. Das BHW galt nicht nur für Schüler als großes Los. Manch ein Lehramtsabsolvent der 80er-Jahre, dem aufgrund des Einstellungsstopps an den Schulen das Taxifahren oder die Arbeitslosigkeit drohten, verdingte sich hier als Aushilfe.

Auch Magister und Diplom-Ingenieure überbrückten hier die Zeit zwischen Studienabschluss und Berufseinstieg und fühlten sich dabei in die Schulzeit zurückversetzt, wie sich ein Bauingenieur erinnert. „Man saß nebeneinander an aufgereihten Tischen, arbeitete seinen Buchstaben ab und fühlte sich dabei streng beobachtet von einem Aufpasser vorn am Pult. Spannend war die Arbeit nicht gerade. Aber ich bekam ein höheres Gehalt als später als Berufsanfänger im Ingenieurbüro.“

Hameln und das BHW – das war eine Symbiose mit allen Facetten. So sehr die Stadt auch von ihrem größten Arbeitgeber profitierte, in dessen Blütezeit, als die Bausparkasse Jahr für Jahr um Personal warb, mussten kleinere Unternehmer, Handwerksmeister und Geschäftsführer hinnehmen, dass ihre bewährten Mitarbeiter das Schreibbüro, die Baustelle oder den Ladentresen hinter sich ließen und zur Bausparkasse wechselten. Wie sollte die heimische Wirtschaft mit deren Arbeitszeiten und stattlichen Gehältern konkurrieren? Das Beamtenheimstättenwerk stand als Bausparkasse ausschließlich Angehörigen des öffentlichen Dienstes zur Verfügung und erhielt Förderungen über die sozialpolitischen Programme der Bundesregierung.

Als gemeinnützig anerkannt, war das Unternehmen nicht darauf ausgerichtet, Gewinne anzusammeln. Der Überschuss kam den Bausparern zugute und wurde unter den Mitarbeitern verteilt. In guten Zeiten konnte das garantierte 13. Monatsgehalt mit einem weiteren Gehalt aufgestockt werden. Dazu gesellten sich Weihnachts- und Urlaubsgelder.

Zwei Voraussetzungen spielten dem rasanten Wachstum der Bausparkasse zu. Die Beiträge wurden vorab von den Beamtengehältern abgebucht. Außerdem waren die Bedingungen für die Bausparer so günstig, dass kaum ein Beamter darauf verzichtete. Der Traum vom Haus im Grünen ließ das Bauspargeschäft blühen.

Seinen Ursprung hatte das Beamtenheimstättenwerk in Berlin, wo es 1928 gegründet worden war. Nach Hameln gelangte die Bausparkasse durch die besonderen Bedingungen in der geteilten Stadt. In Berlin war Banken, Versicherungen und Bausparkassen jede Geschäftstätigkeit bis zum Jahr 1949 durch die Militärregierung untersagt. Viele Unternehmen mussten sich nach einem westdeutschen Standort umsehen. Das BHW ließ sich in einem Hamelner Fabrikgebäude nieder, wo der Neustart unter keinem guten Stern stand. Von den 16 000 Bausparern, die nach Kriegsende geblieben waren, zeigten sich nur 700 in der Lage, überhaupt Beiträge einzuzahlen. Als es recht bald aufwärts ging, übersiedelte das BHW in die Bäckerstraße, in Räume, die zuvor von der Stadtverwaltung genutzt worden waren.

Als es auch hier zu eng wurde und die Mitarbeiter an verschiedene Standorte umziehen mussten, wurde es Zeit für einen Neubau. Lange suchte man nach dem geeigneten Grundstück, bis die Stadt Hameln schließlich das Gelände neben der kürzlich eröffneten Weserbergland-Festhalle anbot. 1955 entstanden für 250 Mitarbeiter moderne Büroräume, die nach kurzer Zeit ebenfalls nicht mehr ausreichten.

Einblick in den Bürgergarten mit der Weserbergland-Fest-halle und dem BHW-Hochhaus im Hintergrund (1964).

Das neue BHW-Gebäude an der Springer (damals Hannoversche) Landstraße (2006).

Der Aufstockung und dem Bau eines Hochhauses gingen langwierige Verhandlungen um die Baugenehmigungen voraus. Die Stadt hatte andere Pläne mit dem Sedanplatz (heute Rathausplatz). Vielleicht wäre die Zusage schneller gekommen, wenn die städtischen Beamten geahnt hätten, dass sie einmal selbst in die BHW-Gebäude einziehen sollten? Auch sie arbeiteten unter ungünstigen Bedingungen, seit das historische Rathaus aufgrund der Kriegsschäden abgerissen worden war und die Dienststellen auf sechs Gebäude in der Stadt verteilt lagen. Die Stadtverwaltung stimmte der Erweiterung schließlich zu.

1961 arbeiteten 750 Angestellte und 100 Außendienstmitarbeiter für die Bausparkasse, und es wurden täglich mehr, bis kaum anderthalb Jahrzehnte nach dem Bau des ersten Verwaltungsbaus erneut Raumnot herrschte. Die Umzugspläne erwiesen sich als Gelegenheit für die Stadtverwaltung, endlich alle Dienststellen unter einem Dach zu vereinen. 1971 erwarb die Stadt die ehemaligen BHW-Verwaltungsgebäude, und der Einzug wurde noch für dasselbe Jahr geplant.

Das BHW hingegen hatte den Auszug hinaus auf die grüne Wiese beschlossen. Man entschied sich für ein Gelände an der Hannoverschen Landstraße (heute Springer Landstraße), in Richtung des Ortsteils Rohrsen. Zwischen der Bundesstraße 217 und der Bahnlinie erwarb die Bausparkasse Acker- und Gartenland in der Größe von mehr als sechs Fußballfeldern, eine Fläche, die genügend Platz bot für Sozial- und Verwaltungsgebäude mit Arbeitsplätzen für 2000 Mitarbeiter, denen 600 Parkplätze zur Verfügung standen.

1969 wurde in einem Gebäude der Superlative, mit nicht nur für die damalige Zeit beeindruckenden Zahlen, Richtfest gefeiert. An verbautem Material listet die Stadtchronik unter anderem 450 Kilometer Starkstrom- und 230 Kilometer Schwachstromleitungen sowie zwei Kilometer Wasser- und Abwasserleitungen und 25 Kilometer Heizungsrohre auf. Mitte der 70er-Jahre kamen ein weiteres Mal Bagger und Betonmischer zum Einsatz, als für die Großrechner der EDV-Anlagen ein Anbau benötigt wurde.

Die Stadt Hameln und das BHW – das war drei Jahrzehnte lang eine Erfolgsgeschichte. Aber die „Grenzen des Wachstums", wie in der berühmten Studie zur Zukunft der Weltwirtschaft von 1972 prophezeit, sollten irgendwann auch für das Beamtenheimstättenwerk gelten. Doch das ahnten während der Blütezeit der Bausparkasse weder der junge Bauingenieur noch die „BHWisten".

Grüner Kaffee mit Aussicht

IM FRÜHJAHR 1975 durften sich begeisterte Café-Gänger der Vorfreude hingeben: Für das Café am Ring war endlich ein neuer Pächter gefunden, der zum Sommer eröffnen wollte. Eine unklare Rechtslage hatte dazu geführt, dass das Restaurant, dessen Gebäude aus den frühen 50er-Jahren stammte, über lange Zeit leer stand. Der charakteristische Rundbau grenzte an den Bürgergarten, sodass der Kaffeegarten im Grünen lag und bei Hamelnern wie bei Besuchern von außerhalb äußerst beliebt war.

Wer es rustikaler wünschte, begab sich in den Wald, fuhr vielleicht hinaus zum Waldhof nach Unsen, um vor der Einkehr eine Wanderung zum Süntelturm zu unternehmen, oder hinauf auf den Klüt zum Forsthaus Finkenborn oder ins Restaurant am Klütturm. Auch der Schweineberg lockte zu einem Ausflug. Wenn im Frühjahr die Märzenbecher blühten, konnte man den Besuch der Heisenküche mit einem Spaziergang verbinden.

Die Waldgaststätten Heisenküche und Finkenborn begannen ihre Geschichte zu Beginn des 19. Jahrhunderts als Forsthäuser. Die Förster sollten in den Revieren wohnen, um Holzdiebe und Wilderer abzuschrecken, und duften ihren Lebensunterhalt mit der Bewirtung von Gästen aufbessern. Ein Recht, das vom Magistrat der Stadt 1905 widerrufen wurde, weil das Leben der Forstknechte zu ausschweifend geworden war. Um Ruhe und Ordnung wiederherzustellen, verpachtete man die Forsthäuser fortan lieber gleich an Gastwirte.

In den 60er-Jahren machte Wilhelm Berger, langjähriger Forstamtsleiter der Stadt Hameln, auf seinen Reviergängen eine Beobachtung, die er sich nicht erklären konnte. „Rund um das Forsthaus Finkenborn, dem heutigen Waldkindergarten, fielen mir einige tiefe, mit Wasser gefüllte Erdtrichter auf." Neugierig geworden,

wandte er sich an seinen Vorgänger Dr. Waldemar Hö-
che, Stadtforstmeister von 1955 bis 1980, und erfuhr,
dass die Trichter von einem Bombenabwurf im Jahr
1942 stammten, als Hannover von britischen Bombern
angegriffen wurde. „Auf dem Heimflug, so vermutet
man, warf ein Bomber seine Fracht als Notwurf ab. Die
Ehefrau des Försters kochte gerade das Mittagessen, als
rings um das Forsthaus etwa zehn Sprengbomben ein-
schlugen. Frau Braun wurde von der Druckwelle auf
den Ofen geschleudert, das Essen in der Küche verteilt,
aber die Försterfrau kam mit dem Schrecken davon.
Alle Fenster und viele Dachziegel gingen zu Bruch." In
den Beständen sei der eine oder andere Bombentrichter
noch Jahrzehnte später zu erkennen.

Der Waldhof in Unsen in den 40er-Jahren.

Die Aufnahme einer alten Postkarte zeigt das „Forsthaus Finkenborn" auf dem Klüt.

Kriegerisches erlebte auch die Heisenküche, in die im Jahr 1806 holländische Söldner einfielen und das Forsthaus plünderten und verwüsteten. Das Vorkommnis wurde über mehr als anderthalb Jahrhunderte akribisch dokumentiert: Viele Wanderer werden sich an die Beschriftung neben der Eingangstür erinnern, die ein ganzes Fach der Fachwerkfassade ausfüllte und bis in die 70er-Jahre bei jedem neuen Anstrich penibel nachgezeichnet wurde.

Auch der neue Pächter des Cafés am Ring, ein Gastronom aus Bad Pyrmont, ging die Renovierung seines Hauses tatkräftig an und versprach den zukünftigen Gästen, an den früheren guten Ruf anzuknüpfen und dem gehobenen Anspruch des Cafés gerecht zu werden. Die Hamelner sollte es freuen – auch wenn es Alternativen wie das Kaffee Kropp gab, eines der anderen traditionsreichen Hamelner Cafés. Die ummauerte Terrasse lag in unmittelbarer Nachbarschaft der Münsterkirche. Wollte ein Gast das schöne Wetter im Freien bei einem Kaffee genießen, hieß es hier wie anderswo freundlich, aber bestimmt: „Draußen nur im Kännchen!"

Dass es sich um seiner Natur nach schwarzen Kaffee handeln würde, davon durfte der Gast ausgehen. Es sei denn, die Einkehr fand vor 1950 im Restaurant Klütturm statt, das dank der Aussicht über die Stadt bei den Hamelnern sehr beliebt war. Bis das Gasthaus an die öffentliche Wasserversorgung angeschlossen wurde, musste sich die Küche aus einer Zisterne mit Regenwasser bedienen, das in den Sommermonaten nicht selten von Algen besiedelt war – und die Tönung an den Kaffee weitergab.

„Die Gäste sollen sich immer nur über die Farbe des grünen Kaffees, nie über den Geschmack beschwert haben", versichert Wilhelm Berger, der Forstamtsleiter im Ruhestand, augenzwinkernd.

Ein Pfeifer ohne Hut und Feder

EINEN GNOMEN, so schrieb das Hamburger Abendblatt im Dezember 1969, eine grobschlächtige Gestalt, die aussähe wie ein Neptun – nein, so etwas wollten die Hamelner nicht. Unruhe machte sich breit in der Rattenfängerstadt, die längst in zwei Parteien gespalten war, und Rufe nach einer Volksabstimmung wurden laut. Ein Hausmeister, der den Gnomen und seine vielgestaltigen Konkurrenten auf dem Dachboden einer Schule hütete, befürchtete gar Anschläge und Attentate auf seine Schützlinge.

Was war der Grund des aufgeregten Disputs, der bis hoch in den Norden zu hören war? Die Stadtväter wünschten einen Brunnen für Hameln. Nicht irgendeinen Brunnen, sondern ein unverwechselbares Monument, das an zentraler Stelle inmitten des Pferdemarkts seinen angemessenen Standort finden und dessen Abbild fortan Postkarten und Andenken schmücken sollte. Kurz, es war an der Zeit für ein neues Symbol der Stadt – Zeit für den einen einzigartigen Rattenfängerbrunnen.

Wie wurde ein so ehrgeiziges Unternehmen angegangen? Der erste Schritt galt der Finanzierung des Projekts. Was sich beim Hamelner Glockenspiel bewährt hatte, konnte für die Brunnenpläne nicht verkehrt sein, meinte ein eigens zu diesem Zweck gegründetes Kuratorium und startete im April 1967 eine Lotterie. Zu gewinnen gab es einen von acht Volkswagen, zugleich spendete man für den guten Zweck. Die Hamelner griffen tief ins Portemonnaie und warteten gespannt auf die Entwürfe, die dem ausgeschriebenen Wettbewerb folgen sollten. So weit, so gut.

Im Oktober 1969 trafen die ersten Modelle ein, unter denen sich auch der später so verunglimpfte Neptun-Verwandte befand. Nach Ablauf der Frist waren 131

Vorschläge von 36 Künstlern zusammengekommen. Die in der Papenschule tagende Jury sollte nun wählen. Die Modelle wurden in der Stadtsparkasse präsentiert und von der Öffentlichkeit heftig diskutiert. Die Hamelner Bürger, die sich als emsige Loskäufer mit ihrem guten Geld beteiligt hatten und bei der Entscheidungsfindung ein Wörtchen mitreden wollten, besaßen ein recht einhelliges Bild von der Rattenfängerfigur. Ihr Vorbild war der romantische Spielmann mit Flöte, Hut und Ratten im Gefolge, wie man ihn von der neuen Kunstuhr am Hochzeitshaus sowie von zahlreichen Abbildungen und aus den Rattenfängerspielen kannte. Der Wettbewerbssieger – der auf der ersten Stufe des Brunnens ruhende „Neptun" – entsprach diesen Vorstellungen nicht einmal ansatzweise. Der sei zu ruhig, zu behäbig, wurde geurteilt, was im Widerspruch zur

Der Rattenfängerbrunnen auf dem Rathausplatz, nach einem Entwurf von Karl Ulrich Nuss.

Meinung des Preisgerichts stand, das verkündet hatte: „Die archetypische Gestalt erhält gegenwärtiges Leben einmal durch die reale Umgebung, zum anderen durch das ständig fließende Wasser."

Widerstand regte sich in Hamelns Straßen. *„Nein, das ist nicht unser Pfeifer, / In der altgewohnten Tracht, /*

Was der Künstler da voll Eifer, / Für den Pferdemarkt erdacht", dichtete „hardi" in der Dewezet. Unterstützung bekamen die renitenten Stadtbewohner von professioneller Seite. Wie das in diesem Streit vermutlich unvoreingenommene Hamburger Abendblatt zu berichten wusste, habe sich „ein Bundesverband der Reiseandenkenbranche eingeschaltet und Hameln in etwa mitgeteilt, dass sich viele seiner Mitglieder auf ewig weigern würden, den Gnom in ihre Konfektion aufzunehmen. Er würde vermutlich nie auf Ansichtspostkarten erscheinen, niemals Reiseandenken zieren und überhaupt, mit dem Fremdenverkehrsgewerbe würde es in Hameln in Zukunft vielleicht sogar abwärts gehen".

Den Volkszorn weiter zu schüren und die Hamelner Gäste zu verprellen, dieses Risiko wollten die Jurymitglieder nicht eingehen. Die unwillkommene Figur sollte Entwurf bleiben, und weitere Preisträger teilten ihr Schicksal. Drei Jahre vergingen, bis es zu einer Entscheidung kam. Die Wahl fiel schließlich auf das Werk des schwäbischen Bildhauers Karl Ulrich Nuss, der im Rahmen des Wettbewerbs den zweiten Preis belegt hatte.

Der ursprünglich vorgesehene Standort auf dem Pferdemarkt blieb ihm allerdings verwehrt. Im September 1975 – im Rahmen der ersten Hamelner „Hoch-Zeyt" – wurde der Brunnen der Öffentlichkeit übergeben: vor dem ehemaligen Verwaltungsgebäude des Beamtenheimstättenwerks, inzwischen Sitz der Stadtverwaltung.

Mit Karl Ulrich Nuss hatte man sich für einen renommierten Künstler entschieden, der auch das Porträt des Bundespräsidenten Theodor Heuss für die Zwei-Mark-Münze entwarf. Im Allgemeinen besaßen seine Objekte weit größere Dimensionen, so auch der Hamelner Rattenfänger und die Kinder, die dem Pfeifer durch ein Tor in der Mauer folgen und sich dabei leichtfüßig über der Wasserfläche halten.

„Dem Pfeifer fehlen Hut und Feder, / Das ist nicht unser Sagenheld, / So hört man häufig, denn fast jeder, / Hat ihn sich anders vorgestellt. / Was soll das Schweben über'm Wasser? / Es spricht dem Schwergewichte Hohn", lautete „hardis" Kommentar zu den Auseinandersetzungen. Auch dieser Brunnen traf nicht auf unbedingte Zustimmung, trotz der „bestechenden künstlerischen Qualität", die ihm die Jury zusprach. Die entrückten Mienen der Kinder und die ausgeprägten Hände und Füße des Spielmannes stießen hier und da auf Befremden – und weckten bisweilen Mitleid! Wie in einer strengen Winternacht, als, so erzählte man sich später, ein umsichtiger Passant den barfüßigen Pfeifer mit Wollsocken und einer Strickmütze versorgte. Wie sehr den Hamelnern ihr Rattenfänger trotz allem am Herzen liegt!

Wie Wilhelm Busch seinen Vornamen einbüßte

AUF DEN GÄNSEFÜSSEN – Gorch-Fock-Straße – Wilhelm-Busch-Straße – In der Hurke. Was diese Hamelner Straßennamen gemeinsam haben? Sie sind zu lang! Jedenfalls für die Computer der Verwaltungen und der Bundespost im Jahr 1975. Und was zu lang ist, muss gekürzt werden, räumte der Stadtrat ein, und so hießen die Straßen fortan Gänsefüße, Fockstraße, Buschstraße und Hurke. Die elektronische Datenverarbeitung hatte ihre eigenen Gesetze. Da halfen auch die Einwände nicht, dass ein Fremder in der Nähe der Bachstraße vergebens nach einem Gewässer Ausschau halten würde, nachdem Johann-Sebastian abhanden gekommen war, oder sich fragen könnte, ob sich der Schwindweg mit der Zeit verflüchtigen sollte, sofern man nicht auf den Gedanken kam, dass die Straße nach dem Maler Moritz von Schwind benannt war. Beim Haydnweg dagegen waren Missverständnisse lediglich in der gesprochenen Form zu erwarten.

Bereits im Mittelalter war es üblich, den Straßen Namen zu geben, damit sich die Bewohner in den Gassen besser zurechtfanden. Die Bezeichnungen waren teils naheliegend, wie etwa bei der Bäckerstraße, oder Personen gewidmet, wie im Fall der Emmernstraße, die nach dem Adelsgeschlecht von Emmern benannt wurde. Andere Namen beziehen sich auf ein außergewöhnliches Ereignis, man denke nur an die Bungelosenstraße, die an die Rattenfängersage und den Auszug der Kinder erinnert. Hausnummern gab es damals noch nicht – man musste sich mit der Beschreibung des Hauses oder seiner Lage begnügen. Zum Ende des 18. Jahrhunderts begann man, die Häuser der Stadt zu nummerieren, indem Straße für Straße durchgezählt wurde. Wurde eine Baulücke zu einem späteren Zeitpunkt geschlossen, erhielt das neue

*Hamelner Straßen-
schilder in neuerer
Zeit.*

Haus eine wesentlich höhere Nummer als seine Nachbarn. Dieses System wurde im 19. Jahrhundert zugunsten einer übersichtlicheren Nummerierung aufgegeben. In den Dörfern blieb es lange bei der Nummernvergabe, zumal oft gar keine Straßennamen vorhanden waren wie beispielsweise im Hamelner Ortsteil Rohrsen, dessen Straßen erst nach 1959 benannt wurden.

So gesehen fiel der Verknappung nicht in allen Fällen eine lange Namenstradition zum Opfer. Jedoch ließ ein großer Teil der Kürzungen die Verständlichkeit vermissen. Und der Sprachklang ging bei der Reihe der Namen verloren, die ihr „Auf" und „Am" einbüßten. So wurde Auf dem Galgenberg zum „Galgenberg", und Am alten Ziegelhof hieß zukünftig schlicht „Ziegelhof". Drei Jahre später wurde vermeldet, dass „die 1975 eingeführte computergerechte Verkürzung der Straßennamen der Stadt zum Teil wieder rückgängig gemacht wird". Der Beschluss betraf jene 15 Straßen, „deren Bedeutungen missverständlich geworden oder deren im Namen enthaltene Erinnerungen verloren gegangen waren". In anderen Fällen erschien dem Rat die erneute Änderung nicht notwendig. Inzwischen habe man sich darauf eingestellt, hieß es. So wurde die Bachstraße wieder zur Johann-Sebastian-Bach-Straße. Auch die Dichter Fock und Busch erhielten ihre Vornamen zurück. Und auf dem Schlägerplatz konnte man sich wieder sicher fühlen – Senior-Schläger sei Dank.